The Emperor

Beethoven Piano Concerto No. 5

황제 | The Emperor

ⓒ민병훈 2017

초판 1쇄 발행 2017년 10월 12일

지은이 민병훈

펴낸곳 도서출판 가쎄 [제 302-2005-00062호]
주소 서울 용산구 이촌로319 31-1105
전화 070. 7553. 1783 / 팩스 02. 749. 6911
인쇄 정민문화사
ISBN 978-89-93489-69-9

값 13,800원

홈페이지 www.gasse.co.kr
이메일 berlin@gasse.co.kr

민병훈

황제

The Emperor

민병훈 감독의 아티스트 프로젝트
피아니스트 김선욱이 전하는 치유의 선율

gasse•가쎄

황제_목차

01. 기억하라

한가할 때 기억하라
돌아보면 벌써 늙어 있을 것이다.
구성도 없고 창조도 비어 있다.

이별의 바람이 분다.
마지막 종소리가 들린다.
팡파르는 이미 울렸다.

검붉은 바다
투명한 달이 떠오른다.
푸른 달빛 아래 양초를 켠다.

조용한 달밤
어딘가 떠돌아다니는
철새를 기억한다.

돌 위에서 기다리겠지.
보라색 모래 위로 기억을 세어본다.
흑과 백 시간 위에 앉아 있다.

파도 위 나무를 베어라.
모닥불이 모래 위를 비춘다.
푸른 달이 검게 타오른다.
떨어지지 않도록 달을 받쳐야 한다.

별빛 같은 눈으로 하늘을 본다.
천정엔 달이 떠 있다.
반짝거리는 가로등과 달빛
적막의 침대 위로 고독이 스쳐 지나간다.

낯선 방
낯선 이불
낯선 그림자
노래를 불러봐.
살아있는 동안 진실에 몸 바쳐라.

태양처럼 열정이 있는가?
달빛 비치는 길로 나아갈 수 있는가?
연연하지 말고
하늘을 지켜야 한다.

이 방은
지구의 아름다운 물결이 낳은 딸이다.

장원   처음을 기억하는 사람은 없다. 기억한다고 하더라도,
그것은 현재에 의해 왜곡된 형태이거나, 날조된 상태다.
그럼에도 불구하고 우리가 처음이라고 믿는 대부분의 것들은
상당한 믿음을 준다.

이주   그 처음들은 우리가 알지 못하는 사이에 서서히 변해간다.

우리의 현재가 변해가는 것처럼.

그와 만났던 수많은 기억이 있지만, 어떤 게 처음인지 모르겠다.

02. 사형의 자화상

가영 생각하는 모든 것들은 항상 생각과는 정반대로 움직인다.

삶의 방향을 아무리 설정한다 한들

해류를 거스를 수 없는 돛 없는 배처럼

나도 그저 여기까지 떠 있었을 뿐이다.

새날　우울과 권태, 지독한 외로움. 이유를 알 수 없는 현기증 증세에
죽고 싶다는 생각만으로 가득 찼고 바닥에 머리를 처박고만 싶
었다.

거칠게 몰아쉬는 '나'의 숨소리가 들린다.
사람들의 어깨 사이로,
틈 사이로 비비고 들어가 있는 '나'의 모습.
이미 많은 시간이 지나가 버렸다.
돌이킬 수 없겠지.

03. 이슬의 눈

장원 어느 게 먼저인지 알 수 없지만
이렇게 머리가 깨질 듯이 아플 때면
어느새 그녀를 생각하고 있다.
하루도 거르지 않는 이 통증은 이미 내 존재의 일부가 돼
있겠지.
이제 더는 견딜 수가 없다.

어쩌면 영원히 돌아오지 못할 것 같다는 예감,
그것이 '나'를 사로잡는다.

'나'는 멍하게 서서 열차가 떠난 광경을 모두 바라본다.
기이한 느낌. 데자뷔, 그런 착각이 갑자기 들며,
어디선가 엇비슷한 광경들이 주마등처럼 떠오르지만,
그 낯선 느낌을 잡아내기에 존재란 너무나 미약한 법이다.

어느새 또 다른 시공간대의 또 다른 그녀가 '나'를 부른다.
'나'는 갑자기 꿈을 꾸듯이 또 다른 시공간의 낯선 세계로
진입해버린다.
너무 많이 담겨서 알아차릴 수 없는 건지,
모두 버려 텅 비어있는 건지,

04. 검은 부리와 흰 뺨의 영혼

가영   종종 당신에게 다가갈 수 없음에 난 스스로 화가 날 때가
있었어요.
결국 그 화를 나에게 풀곤 했었죠.

그 얘길 꺼내면 당신은 날 다신 보지 않을 것 같았어요.
그럴 때마다 난 아무것도 할 수 없었어요.

정말 무서웠어요.

05. 밤의 뼈

장원   40분.

내 평생을 기억하는 데 걸린 시간이 고작 40분이라니.

점점 짧아지고 있다.

예전에는 3시간이 된 적도 있고,

아주 더 오랜 옛날에는 기억하는 도중 잠이 든 적도 있었다.

내가 평생을 기억하는 데 있어서 늘 중심축으로 삼는 게 있다.

왜 그녀인지 모르겠다.

이젠 그녀가 없지만 아직도

내 기억은 그녀를 중심으로 유지되고 있다.

사실 이젠 그녀의 얼굴조차 흐릿하다.

그저 기억의 흔적들이 희미하게나마

그녀의 존재를 증명해줄 뿐이다.

기억을 더듬으려 하면 할수록

기억은 희미해지고야 만다.

어떨 땐 내가 정말 그녀를 사랑했었는지조차 헷갈릴 만큼

기억이란 놈은 조악하고 이기적이다.

하지만 여전히 선명하게 남아있는 한 조각은

언젠가 내게 주었던 사랑에 빠진 그녀의 눈빛.

생기 넘치고 화창하게 피었던 그 미소도

어느새 내 안의 그림자가 삼켜버리고

그녀를 불타는 지옥으로 밀어버리는 상상이 반복된다.

06. 20억 광년의 고독

새날   꼭 이렇게 해야만 해?

가영   그날, 당신에게 찾아갔을 때,
       어리석게도 전 당신이 날 도와주실 줄 알았어요.

       기억나요?

연극무대. 아파트 거실

거실은 분홍색과 하늘색 그러데이션으로 된 벽지로 도배되어 있고,
그 맞은편 벽에는 베란다 창문 위를 미색 커튼이 덮고 있다.
천정은 높고 벽은 단단한, 마치 50년대 유럽의 아파트처럼 구조화되어 있다.
거실 바닥에는 베이지색 작은 카펫이 깔려 있고,
그림 아래에 2인용 소파가 벽에 밀착되어 있다.
전체적으로 아담하면서 아늑한 느낌이 감도는 집.

문을 열고 들어오는 이주.
30대 초반으로 보이며 아주 세련되고 화려한 도시 여성의 모습이다.
집안을 천천히 둘러본다.
가방을 소파에 던지고는 천천히 짐을 푼다.
겉옷을 벗으며 소파에 앉는 이주.

이주　혼자 사는 거 확실하죠?

일한　네.

이주　(스타킹을 벗으며) 컴퓨터가 둘이 길래요.

일한　저, 근데 말이에요.

이주　(셔츠 단추를 풀면서 화장실로 향하며) 먼저 씻을게요. 피곤해서,

　　　화장실이 여기 맞죠?

일한　네? 그러세요...

이주　근데... 몇 살이에요?

일한　18이요.

이주   ...... (피식 웃는다)

일한   이름이....

이주   저, 여기서 일주일만 있을게요. 괜찮죠?

일한   그래도 서로 이름은...

이주   그게 중요해요? 불 꺼주세요. 피곤해요...

일한   벌써요?

불을 끄는 일한.

정막.

다시 바로 다시 불을 켜는 일한

일한   잠시 얘기 좀 해요. 전 사실 말이에요

이주   불 키고 하려고?

일한   그게 아니라.

이주   끄고 얘기해. 눈 아파.

불을 끄는 일한.

불 꺼진 방.

옷 벗는 소리와 이불 바스락거리는 소리

이주   키스는 안 돼요.

07. 수사적 인간

새날   그 날을 또렷이 기억한다.

        그녀는 피를 흘린 왼손에 붕대를 묶고 병실 밖에 서 있었다.

        경찰에 도움을 청하지 않고 혼자 직접 운전을 해서 병원에

        왔냐고 물었다.

        하지만 그녀는

가영   왜 도움을 청해야 하지요?

        그들이 제게 무슨 도움을 줄 수 있겠어요?

새날   도대체 어떤 피아니스트가 자신의 손을 벽돌로 찍을 수

        있단 말인가?

08. 두 악마

가영   난 음악을 사랑했고 진심으로 피아노가 좋았어.
      하지만
      진정 음악을 알려 하진 않았지.
      내 손이 떨리고 비틀어진 건
      그 마음의 빚 때문인지도 모르겠어.
      속으로는 누군가가 알아주길 바랐어.
      하지만 어설프게 동정이나 받는 정도라면 그냥 내버려 두는 게
      낫다고...

      그렇게 생각하면서도 사실은 누군가에게 위로받았으면 했어.
      참 잘 참아왔다... 혼자서도 잘 참아왔다고...
      그러니 이제 그만하라고.
      피아노를 그만둔다고 생각하니 난 정말 형편없는 사람임을
      더욱더 잘 깨닫게 되었어.

09. 슬픔이 하는 일

새날　고통이나 어려움을 혼자 감당해야 한다는 생각은
더 상처받게 만든다.
혼자라는 건, 겪지 않아도 될
다른 고통까지도 동반한다.
하지만 그녀가 설마 자살을 결심할 정도로
내몰리고 있는 줄은...

사건이 일어났던 그 날.
그녀가 내게 헤어지잔 얘길 꺼냈을 때,
잘못은 다 내가 한 거라고, 진심으로 미안하다고,
정말로 잘못했다고 사과까지 했고
그녀는 웃으면서 내 사과를 받아 줬었다.
"미안해요. 나 때문에 당신이 괴로움을 당하는군요"
그때 내가 눈물을 흘렸더라면, 울며 헤어지지 말자고
말해줬더라면
우린 다시 잘해 봤을지도 모른다.

가영   나는 계속 무언가를 잃어갔다.

냄비에 불을 켜놨던 것도 잊었고,

내 전화번호를 잊어버린 적도 있다.

어떤 날은 이모 집에 갔다가 돌아오는 길을 잃었다.

나는 그런 자기 자신에게 화가 나 있었고,

점점 우울증에 시달렸다.

나는... 그렇게 자연스럽게 죽어가고 있었다.

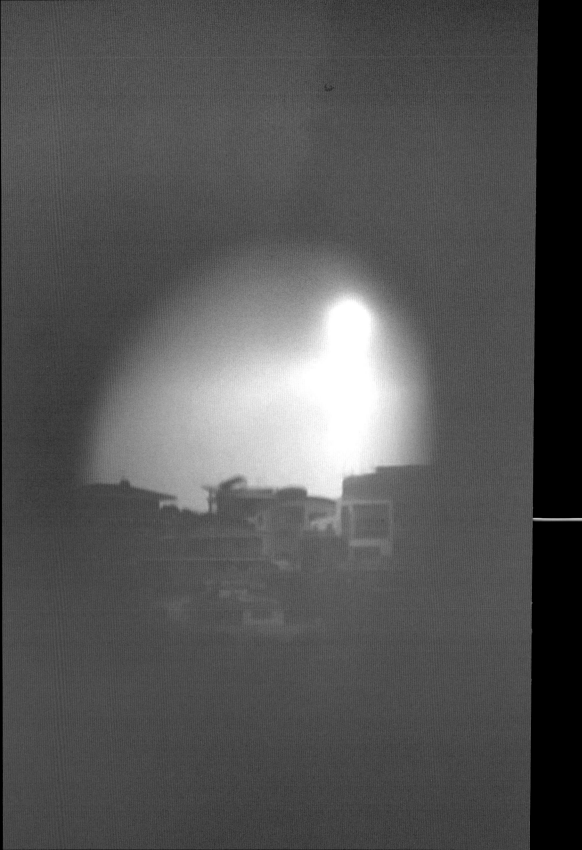

연극무대. 아파트 거실

창가 너머로부터 비 오는 소리가 들린다.
이주는 일한의 옷을 입고 인터넷을 하고 있다.
일한이 바게트를 사 들고 들어온다.

일한   뭐 하고 있어?

이주   채팅

일한   누구랑?

이주   여기 오기 전에 만난 사람이요

일한   왜?

이주   왜긴요? (빤히 쳐다본다)

        오늘은 안 해요? (머그잔을 일한에게 건넨다)

일한   뭘?

이주는 천천히 책상 위에 걸터앉아 섹시한 자세로 다리를 꼬곤
일한이 쓴 시나리오를 집어 읽는다.

이주   이건, 소설은 아닌 것 같고?

일한   시나리오. 영화에서 쓰는 대본

이주   아... 나도 영화 좋아하는데

일한   영화는 누구나 다 좋아하죠.

이주   근데 이주? 나랑 이름이 똑같네.

일한   (좀 당황하며 모니터를 덮는다) 아직 습작이라

이주   로제타, 주노... 그런 거 재미있었는데

일한   그런 것도 봤어? 어디서?

이주   피시방에서.

일한   ......

이주   그렇게 써서 파는 거예요?

일한   발품 팔이 하는 거지. 사주는 데 있으면 팔고 없으면 다시 쓰고

이주   어떤 내용인데

일한   어떤 내용이냐면 (몸을 이주 쪽으로 돌리고)

주인공인 남자는 치열한 예술혼으로 무장되어 있어.

하지만 맘에 드는 여자 하나 없는 외로운 화가야.

어느 날, 아주 우연히 아름다운 여인을 만나고 난 후부터 심한

두통에 시달리게 되고 결국 자신의 그림을 불태우기 시작하지.

일한을 빤히 바라보는 이주

일한   듣고 있어?

이주   (잠시 후에) 그래서요?

일한   (웃으며) 내가 지금 뭐라 했는데?

이주   두통

이주   그리고?

일한   불

피식 웃는 일한.

다시 몸을 돌려 컴퓨터의 자판을 두드리기 시작한다.

일한　당신은 나중에 뭐 할 거야?

이주　주부

일한　(몸을 돌려 이주를 바라보고) 누가 당신을 데려가냐?

이주　(가슴을 드러내며 일한 품에 폴짝 안긴다) 뭐요?

일한　집안을 둘러봐. 어지를 줄만 알잖아

이주　그럼, 어디 제대로 어질러 볼까?

깔깔대며 쓰러지는 일한과 이주

10. 바위의 소리

가영   당신이 연주회에 왔던 날,

우연히도 당신의 속과 마주쳤어.

그때 느꼈지. 그 당신 안에 있는 절망이란 놈을.

선택할 수밖에 없었어.

우리 모두 편해지는 방법을.

편해지는 방법 말이야,

실수투성이인 인생을 끝낼 수 있는 단 하나의 방법.

장원   아주 처음을 기억하는 사람은 없다.

기억한다고 하더라도, 그것은 현재에 의해 왜곡된 형태이거나,

날조된 상태다.

그럼에도 불구하고

우리가 처음이라고 믿는 대부분의 것들은 상당한 믿음을 준다.

그 처음들은 우리가 알지 못하는 사이에 서서히 변해간다.

우리의 현재가 변해가는 것처럼.

그녀와 만났던 몇 가지 기억이 있지만,

어떤 게 처음인지 모르겠다.

연극무대. 아파트 베란다

일한과 이주가 베란다에서 위스키를 마시고 있다.
일한은 조금은 초조하게 이주의 눈치를 슬금슬금 본다.

일한   어쩌다 이런 일 하게 됐어요?

이주   (일한을 한 번 쳐다보고는 픽 웃는다) 그러게요

일한   뭔가 이유가 있었을 거 아니에요? 돈이라든가? 뭐 있잖아

아무 말도 안 하고 위스키를 마시는 이주

일한   집은 어쩌다 나왔는데요?

여전히 대답 없는 이주

일한   그럼 내 얘기를 먼저 해 볼게요.
        난 어렸을 적 친구가 없었어요.
        왕따라고 알죠?

이주   왜요?

일한   글쎄. 내 성격에 문제가 있었나 봐요.
        재미있는 건 한 번 왕따는 영원하기라도 한 듯 계속

왕따더라고요.

해가 넘어가도, 해가 넘어가도, 하나도 안 변하더라고

아무것도 안 해도 그냥 그런 애가 돼버리는 거예요.

이주　……

일한　(눈빛을 보고) 그렇게 볼 것까진 없고, 뭐 나름 지낼 만은 했어요.

시간도 많았고요.

지금은 괜찮아요.

……

친구도 하나 있고.

썰렁한 침묵.

이주　근데, 저한테 이런 얘기 왜 해요?

썰렁한 침묵.

일한　우리 내일 영화나 보러 갈까요?

11. 행복은 누추하고 불행은 찬란하다

장원   사랑이라는 감정 속에는 여러 가지 의미가 숨겨져 있지.

생명의 위기가 닥쳐올 때 느끼는 그 급박한 긴장.

예를 들면, 자동차 사고를 일으키는 순간,

사람들은 그 순간이 극명하게 기억된다거나

슬로우 모션으로 보인다고들 하지.

아마도 그것과 같은 걸 거야.

이주   엄청 찔리는걸.

사랑하는 것과 좋아하는 건 비슷한 듯하면서도

전혀 다른 성질의 감정이란 말이잖아.

장원   완전한 것으로 알려진 사랑이란 것도 사실은
불완전하게 될 수 있어
애정이 어떤 건지. 진짜 사랑이라는 게 뭔지 말이야.

이주   솔직히 나도 놀라고 있어.
내 안에 이런 감정이 생길 줄은 몰랐거든

장원   솔직히 난 믿지 않지만, 신이 존재한다면,
신은 인간의 감정에 한계가 있다는 걸 이해해야만 해.

이주   무슨 뜻이야?

장원   불의, 탐욕, 비참함, 고독일 뿐인 이러한 혼돈을 창조한 건
바로 신 자신이잖아.
신의 의도는 훌륭한 것이었겠지만 결과는 형편없어.
신이 존재한다면, 그는 더 일찍 이 세상을 떠나기를 갈망한
피조물들에게 관대함을 보여야 해.

이주   하지만 신은 당신에게 모든 것을 부여했어.
보기 드문 재능과 그것을 연마하기 위한 최고의 환경
당신은 모든 것을 가지고 있으면서도 그 존귀함을
알아채지 못하고 있지.
내 입장에서 보면 당신은 목이라도 졸라버리고 싶을 정도야.

12. 밤의 어둠 속으로 들어가지 마라

이주　당신에게

당신의 친절한 편지 감사하게 잘 받았습니다.
당신의 우울증이 한 개인의 우울이 아닌 인물들 사이의
우울이라는 점이 흥미로웠습니다.
하지만 몇 단락을 읽지 않았기에 성급하게 말할 수는 없지만,
전반적으로 당신이 찾는 것들은 아직 부분적으로밖에
드러나지 않고 있습니다.
예를 들어, 남녀 주인공이 아무렇게 내뱉는 말투들,
그 안에서 언어 이면에 숨겨진
그 우울함에 대한 상념들을 말입니다.
저는 그때의 상황을 기억하고 있습니다.
하지만 글자라는 것은 상황을 일반화시켜 버립니다.

그때의 톤, 그때의 억양들,
그러한 특징은 글로 쓰는 순간 사라지는 것 같습니다.
당신은 어려운 과제를 맡은 것 같습니다.
그런 점들을 소화한다면 좋은 작품이 될 것 같습니다.

장원 불확실의 공허함과
확신의 기쁨은 공존할 수 없다.
다리를 건너는 방법은 생각보다 간단하다.
창작의 기준에 부합하는 무언가를 보았을 때
혹은 그녀가 있다는 것을 안다는 것만으로도
불안은 곧 환희로 치환된다.

하지만,
상반되는 두 감정은
확실히 다른 내면의 영역이라서
한없이 나약해져 있을 경우엔

13. 하얀 돌 위에 검은 돌

그 틀을 벗어나기 힘들다.

나는 그냥 어둠 속을 걷는다.
두 눈 질끈 감고 걸어갈 수밖에 없다.
그렇게 계속 걷다 보면 달이 보이고
이내 호수에 비친 내 모습이 보인다.

그리고
어둠 속을 용기 있게 헤매어준 나 자신을
잊어서는 안 된다.

14. 흔들리는 무덤

영혼   네가 참 안 됐어. 넌 너무나 외롭지. 그래서 내가 왔어.

장원   넌 누구야? 널 부르지도 않았는데.
            네 정체가 뭐야?

영혼   네가 원하는 너의 영혼

장원   내 영혼? 그게 무슨 소리야?

영혼   넌 혼자되는 것이 무섭지?
            세상을 구원하려고?

정말 세상이 구원되어야 한다고 생각해?
네 마음은 너무 탐욕스러워

장원   넌 내 맘속 사탄이야. 날 유혹하지 마. 제발 사라져.

연극무대. 아파트 거실

컴퓨터 자판 두들기는 소리가 거실에 가득하다.
이주는 커피를 마시며 일한에게 천천히 다가가 묻는다.

이주 이렇게 주말에도 하루 종일 글만 써요? 날씨도 화창한데...

일한 사실... 전 주말이 되면 이상하게 더 고통스러워져요.
무기력해지고 우울증 같은 게 느껴지고요.
진찰받으러 가보려고 해도 기록에 남을 거 같아서 싫고...

이주는 묵묵히 고개를 끄덕인다.

이주 그래도 뭔가 즐겁고 재미있는 일이 있지 않나요?

일한은 고개를 절레절레 젓는다.

이주 드라이브는 어때요? 운전 즐기는 남자분들 많던데요.

일한 요즘 기름값이 얼마나 비싼데요.

이주 여행은 좋아하지 않나요?

일한   여행 가끔 하지만, 사진 찍는 거 좋아하지 않아요.
         찍히는 것도, 다른 사람 찍어주는 것도 싫고요.
         뭐 하러 남 좋은 일 해요?

이주와 일한 동시에 썰렁해진다.

이주   음악은 어때요? 요즈음 케이팝도 매력 있던데
일한   제가 듣는 노래는 십 년 전 것들이에요.

이주가 한동안 말이 없자 묵묵히 있던 일한이 질문을 던진다.

일한   그쪽은 뭔가, 인생이 즐겁다는 표정인데. 사는 게 재미있어요?
이주   그럼요. 전 새로운 사람들을 만나는 게 흥미로워요.
일한   그래요?... 아, 저도 좋아하는 게 있어요.
         가끔 평일 오전에 혼자 도서관에 가요. 폼 잡는 거 좋아해서,
         도서관에 있으면 왠지 뿌듯해지거든요.
이주   아니면 새로운 것에 대한 방어가 앞서거나...
         소외의 굴레에 다시 빠질까 봐 두렵거나...

섬찟 놀라는 일한.
이주는 그런 일한의 그런 내면. 그런 언어를 가지고 있는 데 측은한 맘이 든다.

이주   오늘 우리 영화나 보러 갈까요?
         문에서 한 발짝만 나와 봐. 그럼 나한테 고맙다고 할 거예요.

15. 힘껏 빠져나오는 아침

가영　왜 우리가 함께할 거란 걸 얘기 안 하죠?

새날　그냥 생각이 정리되지 않았어.

가영　난 당신과 이러는 것. 비밀이 많은 게 싫어요.
　　　　그냥 친구들에게 우리의 사랑과 계획을 알려주고 싶어.

새날　그래 그게 내가 말하고자 하는 거야.
　　　　왜 그들이 우리 사생활을 알아야 하는 거냐고?

가영　그게 뭐가 문제에요?
　　　　난 정말 당신을 이해하기 너무 힘들어.
　　　　태도를 확실히 해줬으면 좋겠어.
　　　　정말 나를 어떻게 생각하는 거야?

새날　그냥 다른 사람한테 문을 닫는 문제가 아니야.
　　　　그냥 자유롭게 지내고 싶을 뿐이라고.
　　　　당신도 나의 이런 마음은 잘 알고 있으리라 생각해.

새날   ......

나도 가정을 가지고 싶어. 아니 가지려고 맘도 먹었어.

아주 오래전 평상시처럼 아침에 일어나 출근을 하려고 하는데

문득 아이를 가진다고 생각하니 눈앞이 캄캄해지는 거야.

이게 내가 해줄 수 있는 얘기의 전부야

16. 사랑이야말로 절경이다

가영   난 어렸을 적 엄마에게 옛날얘기를 해달라고 조르곤 했다.

하지만 엄마는 흔히 우리들이 아는 엄마와 달랐다.

엄마는 선녀와 나무꾼이라든가,

흥부 놀부 따위의 이야기는 몰랐다.

정말 옛날얘기를 해줬다. 무서웠던 기억.

할머니를 업고 전쟁 통에 도망가던 시절.

자기 앞에서 쓰러져 죽은 군인에 대한 이야기.

그리고 엄마는 계속 무언가를 잊어갔다.

냄비에 불을 켜놨던 것도 잊었고,

내 전화번호도 잊어버린 적이 있다.

어떤 날은 삼촌 집에 갔다가 돌아오는 길을 잃었다.

그런 엄마는 그런 자기 자신에게 화가 나 있었고,

점점 우울증에 시달렸다.

엄마는 그렇게 자연스럽게 죽어가고 있었다.

장원 최근 우울증이란 가제의 소설을 쓰고 있어.

너도 잘 알다시피 난 얼마 전부터 우울증에 시달리고 있고.

아무것도 할 수 없고, 오직 죽고 싶다는 생각만이 맴돌았지.

나는 내가 왜 우울증에 걸렸는지 알기 위해

책도 읽고 병원에도 가봤었어.

하지만 아무런 소용없었어.

너는 우울증이 전이되는 것 알아?

그래 우울증은 전염병처럼 번진다고 하더라고.

소설 속에 등장하는 한 남녀는 서로 사랑하는 사이야.

그러나 자기들도 모르게 서로 우울증이 번져버리고

그 때문에 우울증에 시달리지.

결국 그 둘은 끊임없이 충돌하고.

그러나 역설적으로 이들이 취하는 소통의 수단도

바로 우울이야.

바로 여기서 이 소설은 메리트를 가지게 돼.

일반적인 사랑 이야기와는 달리

우울과 불안, 무기력, 자살로써 소통하고,

그것을 통해 서로를 이해하는 작품이지.

아래 몇 단락을 파일로 보낼게.

우울증이 동반하는 무기력의 상태.

나는 내가 무기력해지고 있다는 것에 대해 참을 수가 없어.

17. 천사의 숨

장원   거친 숨소리를 몰아쉬던 '나'의 숨소리가 들린다.
그 숨소리는 서서히 진정되어 간다.
'나'는 일어난다. 그리고 길을 걷는다.
'나'는 특유의 보이지 않는 형태로,

사람들의 어깨 사이로, 틈 사이로 비비고 들어간다.
수많은 사람의 웅성거리는 소음들이 들린다.
정확히 알아들을 수 없는 소음들이지만,
'나'가 존재하는 방식이 그렇듯이
모든 것들이 나름대로 의미 있게 들려진다.

18. 기억의 재구성

일한 어때? 죽이지?

이주는 무덤덤하게 카메라 모니터를 바라본다.

이주 이런 데를 어떻게 발견했어?

일한 나야 뭐.. 항상 돌아다니는 걸 좋아하니까..

아직 확실히 정하지는 않았지만

여기서 적어도 한 장면은 찍을 수 있을 것 같아

저기 좀 더 안으로 들어가면 정말 더 멋있어.

건물이 반쯤 무너져 있거든. 근데 그 광경이 정말 압권이야.

이주 정말 여기가 맘에 들어?

일한 왜?

이주 난 이런 느낌 싫은데.

일한 정말? 하지만 우아하잖아.

이주 아니. 우아하지 않아.

일한 아냐, 우아해. 잘 봐. 여기, 여기도 멋있잖아?

이주 그 점에 동의해줄 사람은 찾기 힘들걸.

일한   그건 당신이 영화를 잘 몰라서 그러는 거구.

이주   놀라운 일이야, 나도 막 똑같은 이야기를 하려던 참인데.

일한   내 생각에는 여기서 주인공이 살인을 저지르고
           시체를 버리는 장면으로 하면 좋을 거 같아.

이주는 말없이 듣기만 한다.
일한은 답답한지 목소리에 힘을 주며 큰 소리로 말을 한다.

일한   여기서 여자를 찔러 죽이는 거야.
           그리고 (철떡철떡하는 발걸음 소리만 들린다)
           여기다가 시체를 버리는 거지. 이게 첫 장면이야.
           어때? 멋지지 않아?
           뒤쪽에선 역광이 비추고 주인공은 실루엣으로만 보이는 거지.

이주   난 별로야.

일한   왜?

이주   (잠시 생각하다가) 어디선가 본 장면 같아서 그러는 것 같아.

일한   그러지 말고 확실히 얘기해.
           네가 마음에 안 들면 안 할 수도 있어.

이주   그런 바보 같은 말이 어디 있어? 주인공은 네가 선택하는 거지.

일한   네 마음속엔 아직 미련이나 후회가 가득 차 있지?

이주   무슨 근거로 그런 말을 해?

일한   날 보는 눈으로 알 수 있어.
           당신이 때때로 날 보는 눈.

연극무대. 아파트 복도 밤

보드카를 들고 집으로 들어가고 있는 일한과 영화사 오 대표
보드카는 일한이 들고 있고, 오 대표는 주머니에 손을 넣고 졸졸 따라온다.
오 대표는 약간 취기가 있어 보인다.

일한   대표님 아까 말한 거 절대 티 내면 안 돼요?

오 대표 알았어. 내가 바보냐? 알아서 잘할 테니까 믿고 맡겨.

일한   절대, 절대로 시나리오 내용은 입도 뻥끗하면 안 됩니다...

오 대표 알았다니까. 뭐해? 안 들어가고?

열쇠를 돌리는 일한.

연극무대. 아파트 주방

식탁에 둘러앉아 술을 마시는 일한, 오 대표, 이주

오 대표 (눈빛을 보고) 저 친구랑 있으면 좋아요?

순간 기분 상한 표정의 일한

이주　(상대의 표정을 본 후) 나쁘진 않아요.

오 대표 그래요?......

　　　　자, 유 작가의 입봉 축하를 위해 한잔합시다.

이주와 잔을 세게 부딪치는 오 대표.
이주가 잔을 비우자 바로 한가득 따라주는 오 대표.

오 대표 어휴. 아주 잘 마시네. 한 잔 쭉 더 해요.

이주　　(기분 나쁜 듯) 제가 알아서 먹을게요.

오 대표 거, 비싸게 구네...

　　　　근데, 쟤랑 있으면 재수 털릴 때 있지 않아요?

은근슬쩍 어깨에 손 올리는 오 대표

이주　　(오 대표의 손을 내리며) 그 정도는 아니에요.

오 대표 (다시 어깨에 손을 올리며) 그래요? 조금만 지내다 보면 아닐걸.

재 겁나 쪼잔하잖아. 기지배도 아니면서

(이번엔 허리를 감으려는 오 대표)

이주 (손을 뿌리치며) 저기요, 이 손 좀 치우시죠?

오 대표 아, 그래요? 미안, 미안 아임 리얼~ 쏘리,

미안해요.

우리 화해의 의미로 다시 한잔합시다.

유 작가의 입봉 대박을 위하여!

이주가 잔을 안 들자, 팔 아픈 시늉을 한다.

오 대표 야, 팔 떨어진다.

야, 유 작가. 둘도 없는 네 선배 팔 병신 되겠다.

얘가 짠을 안 해주네.

일한, 난처해진다.
이주의 눈치를 보며

일한   그냥 천천히 마셔요

이주 마지못해 술잔을 든다.

오 대표 오.. 그래야지, 자, 짠!

이주에게 더 가까이 앉는 오 대표

오 대표 채팅으로 만났다면서요.

왜 집 나왔어요? 술 먹고 싶어서. 남자 만나려고.

아니지 둘은 뗄 수 없는 관계니까... 남자랑 술 먹고 싶어서?

자신의 잔에 술을 따르는 오 대표.
술이 떨어지자 일한에게.

오 대표 유 작가. 술 떨어졌다.

일한 ......

오 대표 뭐해? 술 안 사 오고.

잠시 불편한 기색의 눈빛을 하는 이주

일한 그만하시죠. 시간도 늦었고

오 대표 엥? 술 먹자고 한 사람이 누군데. 난 손님이잖아.

이주 제가 사 올게요.

오 대표 (이주의 팔을 잡으며) 아냐. 당신은 있어.

일한 (화가 난 표정으로) 대표님!

잠시 침묵.
오 대표가 둘을 쳐다본 후

오 대표 좋아. 오늘은 체면 한 번 봐 주지. 그럼 오늘은 여기까지. 하하.

(자기 술을 마시며 명함을 건넨다)

여기... 내 주소니까 언제든 놀러 와요.

아마 여기보단 훨씬 더 좋을 거예요. 아늑하고

그럼, 또 봐요.

밖으로 퇴장하는 오 대표.
오 대표가 나가자 잠시 침묵이 흐른다.

일한   저... 미안해요

이주   뭐가요?

일한   대표님이 취해서.....

이주   뭐가 미안한데요?

일한   아니 그게 말을 심하게 한 것 같아서. 나도 불편하더라고요.

이주   전 안 불편한데요.

  이렇게 명함도 받았잖아요.

일한   암튼 미안해요.

이주   그런 거 불편했었으면 여기 있지도 이런 일 하지도 않아요.

  잘 알지도 못하면서.

19. 제로 초점

새날　무슨 일이야? 이 시간에 오다니.

가영　......

새날　걱정돼서 일부러 온 거야?

가영　당연히 걱정되지. 느닷없이 휴가를 냈다지, 핸드폰은 안 되지.
　　　어쩌면 나하고 마주하는 게 싫어서 그런 게 아닐까 하고

새날　아..... 아니야. 싫긴 무슨... 그냥, 요즘 머릿속이 복잡해서...

가영　저기...... 어제 친구들과 일 말인데.
　　　그건 그러니까 뭐라고 말하면 좋을까...
　　　암튼, 우리 둘 다 평범한 상태는 우리 둘 다 아니었다는 거야.

새날　평범한 상태가 아니었다?

가영　으음, 그러니까 우리는 서로 상호의존적인 의식이 생겨...
　　　그래서

새날　저.... 저기 잠깐만, 무슨 말인지 잘 모르겠는데

가영　......

새날 어제 일은 특수한 상황 때문이 아니라,

그냥 그러고 싶어서 그랬던 것뿐이야.

너도 같다고 생각했는데..... 그럼 내가 실수한 건가?

가영 실수라니!

새날 네 마음의 구조까지는 알 수 없지만 왜 네가 좋은지

나도 잘 설명할 수 없지만 가장 확실한 건 네가 좋다는 거야.

가영 그래서? 날 좋아하면 안 된다는 거야?

새날 지금 내가 당신을 좋아한다는 사실은 변함이 없어.

하지만. 솔직히 자신이 없어.

내가 널 순수하게 사랑할 수 있을지 없을지.

정신을 차려보면 상대를 분석하고,

판단하고 있는 내가 있는 거야.

상대의 목소리나 태도를 일일이 체크하며

마치 실험 대상처럼 말이야.

참 밥맛이지? 나도 그렇게 생각해.

가영 나도 그렇게 보고 있어?

새날 별로 이런 말은 하고 싶지 않지만

당신은 나보다 똑똑하고 여자로서도 매력적이야

근데 모르겠어... 지금은 나 자신조차 믿을 수가 없어.

하지만 내 마음을 어떻게 할 수 없을 뿐 당신에겐 문제가 없어.

확실한 건, 밝음으로만 빛을 표현할 수 없다는 거야.

표현할 순 있겠지... 결코 풍부하진 않아.

당신의 아픔이 곧 당신의 아름다움이야.

가영   ...... (한참 있다가)

오늘 오기 전에 당신에 대한 기억을 모두 지우려

결심하고 왔어.

이젠 그만할까 생각해.

새날   그만하다니?

가영   최근 당신이 힘들어하는 건 역시 나 때문이 아닐까 싶었거든.

하지만 안심해. 이제부터 당신 주변을 배회하는 일은

없을 거야.

할 수만 있다면 당신에 대한 모든 기억을 지우고 싶을 정도야.

그동안 고마웠어.

NA 가영

당신을 만나러 간 날, 우연히도 당신의 속과 마주쳤어.

그때 느꼈지. 그 당신 안에 있는 절망이란 놈을.

그래서 가르쳐 준거야. 편해지는 방법을

편해지는 방법 말이야

실수투성이인 인생을 끝낼 수 있는 방법

20. 검은 산

이주   여긴 정말 봄처럼 따뜻하네요.
      얘기해 봐요. 그 후로 그 사람과 저는 어떻게 돼요?

장원   어떻게는 무슨, 당신 그 사람 좋아하잖아?

이주   좋아하다니. 설마요.

장원   ……

이주   제 맘을 읽기라도 했어요?

장원   그런 능력이 있으면 인생이 얼마나 편하겠어.
      그냥 어쩐지 그런 느낌이야. 느낌.

이주   당신은 가끔 내 마음을 보고 있는 것처럼 말하더라.

장원   헛되고 헛되도다.

모든 것이 헛됨이요 바람을 뒤쫓음이라.

이 두 문장이 지상의 모든 문학과 삶의 정의지.

이주   당신은 사랑에 빠져 본 적이 없을 거야.

당신 자신만 사랑하니까

연극무대. 아파트 집 안

일한이 문을 열고 들어오면 이주는 짐을 챙기고 있다.

일한 어디 가요?

이주 (옷을 가방에 집어넣으며) 이젠 가야죠.

일한 어딜 가게요?

이주 일주일 다 됐잖아요.

일한 ...... 그 도시인가 가려구요?

그러지 말고 여기 좀 더 있어요.

아님 집에 돌아가든가

이주 (하던 일을 멈추고) 무슨 상관이야? (다시 짐을 챙긴다)

일한 당신 생각해서 하는 말이야.

이주 (하던 일을 멈춘다) 언제부터 내 생각을 그렇게 했대요.

우리 조건부 만남이잖아요.

그냥 몇 번 자고 보낼 생각 아니었어요?

일한 무슨 말을 그렇게 해?

이주 그럼 아니에요?

일한 내가 그런 놈들이랑 똑같아?

이주 뭐가 다른데요?

일한 ......

이주   (가방의 지퍼를 닫고 문 쪽으로 다가간다)

돈이나 줘요.

15만 원씩. 일주일

일한   ......

이주   빨리 줘요

일한   ......

계산은 똑바로 해. 첫날에 한 번 했잖아

그냥 먹고 잔 거는 생각 안 해?

이주   언제 내가 하기 싫다 그랬어요?

아무 말도 못 하는 일한.

이주는 일한을 쏘아 보고는 그냥 밖으로 나가려고 한다.

급하게 이주의 팔을 잡는 일한.

주머니에서 지갑을 꺼낸다.

이때 이주가 갑자기 일한의 뺨을 갈긴다.

얼얼한 일한

이주는 일한을 쏘아보곤 황급히 사라진다.

연극무대. 오 대표 아파트 앞

장원은 오 대표 벨을 누르고 세차게 문을 두들긴다.
전화를 건다.
안에서 오 대표의 소리가 들린다.
다시 힘차게 문을 두드린다.

오 대표 누구야?

장원 저예요.

오 대표 누구?

장원 나야. 문 열어

오 대표 미친 새끼가. 아침부터~ 나 지금 바빠

장원 안에 누구 있지?

오 대표 내일 얘기해.

장원 잠깐 나와 봐

오 대표 에이 씨발, 내일 오라고 지금 안 된다고.

문을 마구 두들기는 장원

장원 나와 보라고.

오 대표 이런 또라이 새끼

잠시 후 문을 열고 나오는 오 대표.

오 대표 아, 왜 지랄이야.

장원　안에 누가 있지?

오 대표 네가 알 거 없다고, 왜?

장원　이주, 안에 있지

문을 열고 들어가려는 장원. 급하게 막는 오 대표

오 대표 없어. 병신아

장원　있잖아. 씨발 놈. 나와 봐. 야 이주.

문을 열고 들어가자 이불을 감싼 다른 여자가 앉아 있다.

여인1　누구세요?

　　　　　(오 대표를 바라보고)

　　　　　혼자 산다며?

어색하게 문을 닫고 나오는 장원

연극무대. 아파트 복도

복도를 지나 문을 두들기는 이주.
반응이 없자 문을 열어본다.
문이 스르르 열린다.
안으로 들어가는 이주

짐을 두고 일한이 쓴 시나리오를 집는다.
시나리오를 읽는 이주
흥미로운 표정이다.

21. 너를 일으키는 힘은 사랑으로부터 나온다.

새날, 가영, 장원

수많은 사람의 웅성거리는 소음들이 들린다.

정확히 알아들을 수 없는 소음들이지만,

'나' 가 존재하는 방식이 그렇듯이

모든 것들 나름대로 의미 있게 들린다.

기분 좋은 소음

내 삶이 다시 시작된다.

검은 강

검붉은 사원의 달빛
달 위의 생명들은 어디에 있는가?
기억하는가?
용서를 빌고 헤어짐의 죄에 대해
지난 일을 잊고 새 출발을 해야 한다.

갈대숲의 잠 속으로 들어가기 전
낮게 엎드려 고백해야 한다.
밤에 우는 이리들도 마찬가지일 것이다.

편히 잠들어라.
너희 강도 친구들에게 가라.
검은 그림자는 걷힐 것이다.

절름거리며 걷는 귀뚜라미
몸은 벌레들의 밥이 되고
늪지의 개구리들은 친족 관계를 맺는다.

이른 새벽부터 다시 새벽까지
늦은 저녁부터 다시 저녁까지
회색 노을로 검은 수면으로 향한다.

언제가 밝은 날이 오고
푸른 파도 때문에
자장가 소리를 들을 수 있을 것이다.

황제

THE EMPEROR ORIGINAL SOUNDTRACK

KIM SUN WOOK, piano
KIM MYUNG HWAN, Music
SPECIAL EDITION

Tracklist

THE EMPEROR. 황제

1. 사랑의 힘   KIM MYUNG HWAN

2. Moon light   KIM SUN WOOK

L. V. Beethoven Piano Sonata No 14 in C-sharp minor, Op 27-2, I. Adagio sostenuto

3. Parthetique I   KIM SUN WOOK

L. V. Beethoven Piano Sonata No.8, Op.13 I. Grave - Allegro di molto e con

4. D.894   KIM SUN WOOK

F. Schubert Piano Sonata No.18, D.894, I. Molto moderato e cantabile

5. Parthetique II   KIM SUN WOOK

L. V. Beethoven Piano Sonata No.8, Op.13, II. Adagio cantabile

6. 천사의 숲   KIM MYUNG HWAN

7. Parthetique III   KIM SUN WOOK

L. V. Beethoven Piano Sonata No.8, Op.13, III. Rondo - Allegro

8. Träumerei

R. A. Schumann Träumerei from Kinderszenen Op.15, No.7 Träumerei

9. K.281   KIM SUN WOOK

W. A. Mozart Piano Sonata No.3 In B Flat Major K.281

10. 이슬의 눈

11. Intermezzo

J. Brahms 6 Piano Pieces No.2 in A op.118

12. D.899   KIM SUN WOOK

F. Schubert Impromptu Op.90, No.3 in G flat Major D..899

KIM SUN WOOK, piano

KIM MYUNG HWAN, music

Piano Sonata No 14 in C-sharp minor, Op 27-2, I. Adagio sostenuto, L. V. Beethoven

L. V. Beethoven Piano Sonata No.8, Op.13, I II III. L. V. Beethoven

제1막
문 없는 문

생을 버리려는 절벽 위에 선 현대인의 초상. 그들은 끝없이 마주치는 벽 같은 문의 굴레 앞에서 비참한 표정을 짓는다. 사랑하는 사람과의 기억은 맥없이 가라앉으며, 또 다른 고통만을 안겨 준다. 사람의 아름다움을 더는 맛볼 수 없는 처절한 고독 속에서 서서히 쓰러져 가는 자신을 바라본다. 삶 자체가 고통인 이들에게 무엇이 희망을 나누어 줄까?

제2막
시간의 정원

삶의 막다른 골목길에 다다른 애처로운 이들에게 벽은 새로운 문이 되어 그 너머의 시공을 보여준다. 다시 걸을 수 있을 때까지 충분히 기다려주고, 그들 앞에 펼쳐진 대자연의 풍경 속으로 천천히 인도한다. 공기는 촉감이 되고, 소리는 음악으로 번져 흐른다. 대지의 품과 같은 자연 속에서 깊은 안도감과 함께 상처를 보듬어 준다.

Piano Sonata No.18, D.894, I. Molto moderato e cantabile, F. Schubert

Piano Sonata No.3, K.281, In B Flat Major, W. A. Mozart

6 Piano Pieces No.2 in A op.118 Intermezzo, J. Brahms

Träumerei from Kinderszenen Op.15, No.7 Träumerei, R. A. Schumann

제3막
생명의 노래

어디선가 들려오는 피아노 선율. 소리를 따라 숲으로, 호수로, 들판으로 걸음을 천천히 옮겨본다. 음악은 점점 가까워지고, 영혼의 빈 공간은 아름다운 선율로

가득 찬다. 누가 유령인지 알 수 없으나, 김선욱이 움직이는 곳마다 비련의 주인
공들이 나타나고, 이들이 움직이는 곳마다 김선욱의 연주가 들려온다. 음악의 경
로를 따라 계절이 변하고, 공간을 초월하는 경험 속에서 과거의 나와 미래의 나
를 마주하게 된다.

제4막
음악, 그것은 사랑

신비한 경험의 터널을 지나 서로를 다시 마주하게 된 이들은 이제와는 다른 기
운의 움직임을 느낀다. 보다 맑아진 정신으로 푸른 호수를 바라본다. 절망과 좌
절의 시간은 결코 헛되지 않았으며, 자연은 결코 나를 버리지 않았음을 깨닫는
다. 그리고 들려오는 음악 속에서 깊이 파묻혔던 감정의 우물이 터져 나온다. 살
아 있다는 것, 그것은 사랑이며 삶 자체라는 것을. 한없는 아름다움의 포옹을 느
끼며 이제 다시 그들은 생으로 돌아가려는 시도를 한다.

Impromptu Op 09, No 3, D.899, In G flat Major, F. Schubert

Recorded live at

Oxshott and Cobham Music Society, London

Catholic cultural center

Yangjae Citizen"s Forest

Yongma land

Produced and Edited by Kim myung hwan

Originaltrack performance by Kim sun wook

Originaltrack music by Kim myung hwan

BACK(인레이)

1 사랑의 힘 KIM MYUNG HWAN

2 Moon light KIM SUN WOOK

L. V. Beethoven Piano Sonata No.14 in C-sharp minor, Op 27-2, I. Adagio sostenuto

3 Parthetique I KIM SUN WOOK

L. V. Beethoven Piano Sonata No.8, Op.13 I. Grave - Allegro di molto e con brio

4 D.894 KIM SUN WOOK

F. Schubert Piano Sonata No.18, D.894, I. Molto moderato e cantabile

5 Parthetique II KIM SUN WOOK

L. V. Beethoven Piano Sonata No.8, Op.13, II. Adagio cantabile

6 천사의 숨 KIM MYUNG HWAN

7 Parthetique III   KIM SUN WOOK

L. V. Beethoven Piano Sonata No.8, Op.13, III. Rondo - Allegro

8 Traumerei KIM SUN WOOK

Traumerei from Kinderszenen Op.15, No.7, Traumerei, R. A. Schumann

9 K.281 KIM SUN WOOK

W. A. Mozart Piano Sonata No.3 In B Flat Major

10 이슬의 눈 KIM MYUNG HWAN

11 Intermezzo KIM SUN WOOK

J. Brahms - 6 Piano Pieces No.2 in A op.118

12 D.899 KIM SUN WOOK

F. Schubert — Impromptu Op.90, No.3 in G flat Major

SOUNDTRACK ALBUM PRODUCER   KIM MYUNG HWAN

MUSIC BY KIM MYUNG HWAN   PERFORMANCE BY KIM SUN WOOK

SOUNDTRACK ALBUM DESIGN   PARK BYEONG JUN

ⓒ MINBYUNGHUN FILM Co,.Ltd.